金剛經六祖口訣

金剛喻佛性，羖羊角喻煩惱。
金雖堅剛，羖羊角能碎；
佛性雖堅，煩惱能亂；煩惱雖堅，般若智能破；
羖羊角雖堅，鑌鐵能壞。悟此理者，了然見性。

六祖惠能大師——講述

六祖慧能大師法像

再版序

曩讀曾鳳儀所著金剛經宗通。及五十家註金剛經。又近人丁福保所注之壇經等。其中多引六祖口訣。及六祖註金剛經。顧此口訣或經註原本。求之十年未獲。所得者乃四川出版。係采擷壇經之有關金剛經各條而纂更者。比函丁局詢購。據復亦未見原本。心中大爲失望。己卯春蟄居北平。在廠甸故書攤中。偶檢一本。顏曰大鑒禪師金剛經口訣。歸而細校。乃知卽尋之十年而不遇者。得來全不費工夫也。此書係六祖惠能所口講。故曰口訣。亦曰金剛經解義。卽六祖註金剛經。原是一種。因人抄輯而名不同耳。當宋元豐間。天台羅適。曾搜求之。彼時已有十餘種。但杭越建陝四本相同。乃印行之。卽此本也。此本又重刊於元末。因經後有陳友諒及妻湯氏五娘等願文可知。余適參禪於彌勒院。因抄呈眞空禪師鑒定。擬印行流通而未果也。戊子冬患胃疾甚重。就醫齊桂間。己丑秋赴渝。抄本及楞伽新記八卷並遺失。良可惜也。來臺後。偶於篋中復獲口訣副本。亟抄錄之。

。此方人士多好佛。宿植善根者。其一覽之。

民國三十九年庚寅六月十日河北史鳳儒序於高雄鋁廠（時年六十八歲）

金剛般若波羅密經

曹溪六祖大師惠能解義亦曰口訣并序

夫金剛經者。無相爲宗。無住爲體。妙有爲用。自從達摩西來。爲傳此經之意。令人悟理見性。祗爲世人不見自性。是以立見性之法。世人若了見眞如本體。卽不假立法。此經讀誦者無數。稱讚者無邊。造疏及註解者。凡八百餘家。所說道理。各隨所見。見雖不同。法卽無二。宿植上根者。一聞便了。若無宿慧者。讀誦雖多。不悟佛意。是故解釋聖義。斷除學者疑心。若於此經。得旨無疑。不假解說。從上如來所說善法。爲除凡夫不善之心。經是聖人語。教人聞之。超凡悟聖。永息迷心。此一卷經。衆生性中本有。不自見者。但讀誦文字。若悟本心。始知此經不在文字。若能明了自性。方信一切諸佛。從此經出。今恐世人身外覓佛。向外求經。不發內心。不持內經。故造此經訣。令諸學者。持內心經。了然自見清淨佛心。過於數量。不可思議。後之學者。讀經有疑。見此解義。疑心釋然。更不用訣。所冀學者。同見鑛中金性。以智慧火鎔鍊。鑛去金存。我釋迦本師。說金剛經。在舍衛國。因須菩提起問。佛大悲爲說。須菩提聞法得悟。請佛與法安名。令後人依而受持。故經云。佛告須菩提。是經名爲金剛般若波羅蜜。以是名字。汝當奉持。如來所說金剛般若波羅蜜。喻法爲名。其意謂何。以金剛世界之寶。其性猛利。能壞諸物。金雖至堅。羖羊角能壞。金剛喻佛性。羖羊角喻煩惱。金雖堅剛。羖羊角能碎。佛性雖堅。煩惱能亂。煩惱雖堅。般若智能破。羖羊角雖堅。鑌鐵能壞。悟此理者。了然見性。涅槃經云。見佛性不名衆生。不見佛性是名衆生。如來所說金剛喻者。祇爲世人性無堅固。口雖誦經。光明不生。外誦內行。光明齊等。內無堅固。定慧卽亡。口誦心行。定慧均等。是名究竟。金在山中。山不知是寶。寶亦不知是山。何以故。爲無性故。人則有性。取其寶用。得遇金師。鏨鑿山破。取鑛烹鍊。遂成精金。隨意使用。得免貧苦。四大身中。佛性亦爾。身喻世界。人我喻山。煩惱喻鑛。佛性喻金。智慧喻工匠。精進勇猛喻鏨鑿。身世界中有人我山。人我山中有煩惱鑛。煩惱鑛中有佛性寶。佛性寶中有智慧工匠。用智慧工匠。鑿破人我山。見煩惱鑛。以覺悟火烹鍊。見自金剛佛性。了然明淨。是故以金剛爲喻。因爲之名也。空解不行。有名無體。解義修行。名體俱備。不修卽凡夫。脩卽同聖智。故名金剛也。何名般若。般若是梵語。唐言智慧。智者不起愚心。慧者有其方便。智是慧體。慧是智用。體若有慧。用智不愚。躰若無慧。用愚無智。祇爲愚癡未悟。故脩智慧以除之也。何名波羅蜜。唐言到彼岸。到彼岸者。離生滅義。祇緣世人性無堅固。於一切法上有生滅相。流浪諸趣。

未到眞如之地。並是此岸。要具大智慧。於一切法圓滿。離生滅相。卽是到彼岸也。亦云心迷則此岸。心悟則彼岸。心邪則此岸。心正則彼岸。口說心行。卽自法身有波羅蜜。口說心不行。卽無波羅蜜。何名爲經。經者徑也。是成佛之道路也。凡人欲臻斯路。當內修般若行。以至究竟。如或但能誦說。心不依行。則無經。實見實行。自心則有經。故此經如來號爲金剛般若波羅蜜經。

金剛般若波羅密經

姚秦三藏法師鳩摩羅什奉　詔譯
唐　六祖大師惠　能　口訣
宋　天台羅　適　校刊
河　北　史鳳儒　重輯

法會因由分第一

丞相張無盡居士云，非法無以談空。非慧無以說法。萬法森然曰因。一心應感曰由，故首以法會因由分。

如是我聞。

如者指義。是者定詞。阿難自稱如是之法。我從佛聞。明不自說也。故言如是我聞。又我者性也。性卽我也。內外動作。皆由於性。一切盡聞。故稱我聞也。

一時佛在舍衞國。祇樹給孤獨園。

言一時者。師資會遇齊集之時也。佛者是說法之主。在者欲明處所。舍衛國者波斯匿王所在之國。祇者太子名也。樹是祇陀太子所施。故言祇樹也。給孤獨者。須達長者之異名。園者本屬須達。故言給孤獨園。佛者梵語。唐言覺也。覺義有二。一者外覺。觀諸法空。二者內覺。知心空寂。不被六塵所染。外不見人過。內不被邪迷所惑。故名覺。覺卽是佛也。

與大比丘衆千二百五十人俱。

言與者。佛與比丘同住金剛般若無相道場。故言與也。大比丘者。是

大阿羅漢故○比丘者梵語○唐言能破六賊○故名比丘○衆，多也○千二百五十人者○其數也○俱者○同處平等法會○

爾時世尊食時。著衣持鉢。入舍衛大城。乞食於其城中。

爾時者○當此之時○是今辰時○齋時欲至也○著衣持鉢者○爲顯教示迹故也○入者爲自城外而入也○舍衛大城者○名舍衛國豐德城也○即波斯匿王所居之城○故言舍衛大城也○言乞食者○表如來能下心於一切衆生也○

次第乞已。還至本處。飯食訖。收衣鉢。洗足已。敷座而坐。

次第者不擇貧富○平等以化也○乞已者○如多乞不過七家○七家數滿○更不至餘家也○還至本處者○佛意制諸比丘○除請召外○不得輒向

白衣舍。故云爾。洗足者。如來示現。順同凡夫。故言洗足。又大乘法。不獨以洗手足爲淨。蓋淨洗手足。不若淨心。一念心淨。則罪垢悉除矣。如來欲說法時。常儀敷旃檀座。故言敷座而坐也

善現起請分第二

從空起慧。請答雙彰。故受之以善現起請分。

時長老須菩提。

何名長老。德尊年高。故名長老。須菩提是梵語。唐言解空也。

在大衆中。卽從座起。偏袒右肩。右膝著地。合掌恭敬。而白佛言。

隨衆生所坐。故云卽從座起。弟子請益。行五種儀。一者從座而起。二者端整衣服。三者偏袒右肩。右膝着地。四者合掌。瞻仰尊顏。目

不暫捨。五者一心恭敬。以申問辭。

希有世尊。

希有略說三義。第一希有。能捨金輪王位。第二希有。身長丈六。紫磨金容三十二相。八十種好。三界無比。第三希有。性能含吐八萬四千法。三身俱圓備。以具上三義。故云希有也。世尊者。智慧超過三界。無有能及者。德高更無有上。一切咸恭敬。故曰世尊。

如來善護念諸菩薩。善付囑諸菩薩。

如來者。自眞如來之本性也。護念者。以般若波羅密法。護念諸菩薩。付囑者如來以般若波羅密法。付囑須菩提諸大菩薩。言善護念者。令諸學人。以般若智。護念自身心。不令妄起憎愛。染外六塵。墮生死苦海。於自心中。念念常正。不令邪起。自性如來。自善護念。言善付囑者。前念清淨。付囑後念。後念清淨。無有間斷。究竟解脫。如來委曲誨示衆生。及在會之衆。當常行此。故云善付囑也。菩薩者梵語。唐言道心衆生。亦云覺有情。道心者。常行恭敬。乃至蠢動含靈。普敬愛之。無輕慢心。故名菩薩。

世尊。善男子善女人。

善男子者平坦心也。亦是正定心也。能成就一切功德。所往無碍也。善女人者。是正慧心也。由正慧心。能出生一切有爲無爲功德也。

發阿耨多羅三藐三菩提心。云何應住。云何降伏其心。

須菩問一切發菩提心人。應云何住。云何降伏其心。須菩提見一切衆生躁擾不停。猶如隙塵。搖動之心。起如飄風。念念相續。無有間歇。問欲修行。如何降伏。

佛言善哉善哉。須菩提如汝所說。如來善護念諸菩薩。善付囑諸菩薩。

是佛讚歎須菩提。善得我心。善得我意也。

汝今諦聽。當爲汝說。

佛欲說法。常先戒敕。令諸聽者。一心靜默。吾當爲說。

善男子善女人。發阿耨多羅三藐三菩提心。應如是住。如是降伏其心。

阿之言無。耨多羅之言上。三之言正。藐之言徧。菩提之言知。無者

○無諸垢染○上者○三界無能比○正者○正見也○徧者○一切智也○智者○知一切有情皆有佛性○但能脩行○盡得成佛○三者○卽是無上清淨般若波羅密也○是以一切善男子善女人○若欲脩行○應知無上菩提道○應知無上清淨般若波羅密多法○以此降伏其心也○

唯然世尊。願樂欲聞。

唯然者應諾之辭○願樂者願佛廣說○令中下根机○盡得開悟○樂者○樂聞深法○欲聞者○渴仰慈誨也○

大乘正宗分第三

宗絕正邪○乘無大小○隨三根而化度○簡異說而獨尊○故受之以大乘正宗分○

佛告須菩提。諸菩薩摩訶薩。應如是降伏其心

前念清淨。後念清淨。名爲菩薩。念念不退。雖在塵勞。心常清淨。名摩訶薩。又慈悲喜捨。種種方便。化度衆生。名爲菩薩。能化所化心無取著。是名摩訶薩。恭敬一切衆生。卽是降伏自心處。眞者不變。如者不異。遇諸境界。心無變異。名曰眞如。亦云外不假曰眞。內不虛曰如。念念無差。卽是降伏其心也。不虛一本作不亂。

所有一切衆生之類。若卵生。若胎生。若濕生。若化生。若有色。色界天**若無色。**無色界天**若有想。**識處天**若無想。**無處有處天**若非有想非無想。**非想非非想處天**我皆令入無餘涅槃。**

卵生者迷性也。胎生者習性也。濕生者隨邪性也。化生者見趣性也。迷故造諸業。習故常流轉。隨邪心不定。見趣多淪墜。起心修心。妄見是非。內不契無相之理。名爲有色。內心守直。不行恭敬供養。但言直心是佛。不修福慧。名爲無色。不了中道。眼見耳聞。心想思惟。愛著法相。口說佛行。心不依行。名爲有想。迷人坐禪。一向除妄。不學慈悲喜捨智慧方便。猶如木石。無有作用。名爲無想。不著二法想。故名若非有想。求理心在。故名若非無想。煩惱萬差。皆是垢心。身形無數。總名衆生。如來大悲普化。皆令得入無餘涅槃云。多淪墜一作墮阿鼻也。

而滅度之。

如來指示三界九地衆生。各有涅槃妙心。令自悟入無餘。無餘者。無習氣煩惱也。涅槃者。圓滿淸淨義。滅盡一切習氣。令永不生。方契此也。度者渡生死大海也。佛心平等。普願與一切衆生。同入圓滿淸淨無餘涅槃。同渡生死大海。同諸佛所證也。有人雖悟雖修。作有所得心者。却生我相。名爲法我。除盡法我。方名滅度也。

如是滅度無量無數無邊衆生。實無衆生得滅度者。

如是者。指前法也。滅度者大解脫也。大解脫者。煩惱及習氣。一切諸業障滅盡更無有餘。是名大解脫。無量無數無邊衆生。元各自有一切煩惱貪嗔惡業。若不斷除。終不得解脫。故言如是滅度無量無數無邊衆生。一切迷人。悟得自性。始知佛不見自相。不有自智。何曾度衆生。祗爲凡夫不見自本心。不識佛意。執著諸法相。不達無爲之理。我人不除。是名衆生。若離此病。實無衆生得滅度者。故言妄心無處現菩提。生死涅槃本平等。何滅度之有。

何以故。須菩提。若菩薩有我相人相衆生相壽者相。即非菩薩。

衆生佛性無有異。緣有四相。不入無餘涅槃。有四相卽是衆生。無四相卽是佛。迷卽佛是衆生。悟卽衆生是佛。迷人恃有財寶學問族姓。輕慢一切人。名我相。雖行仁義禮智信。而意高自負。不行普敬。言我解行仁義禮智信。不合敬爾。名人相。好事歸己。惡事施於人。名衆生相。對境取捨分別。名壽者相。是謂凡夫四相。脩行人亦有四相。心有能所。輕慢衆生。名我相。恃持戒。輕破戒者。名人相。厭三塗苦。願生諸天。是衆生相。心愛長年。而勤修福業。諸執不忘。是壽者相。有四相卽是衆生。無四相卽是佛也。

妙行無住分第四

得宗而行。不住於相。故受之以妙行無住分。

復次須菩提。菩薩於法。應無所住行於布施。所謂不住色布施。不住聲香味觸法布施。

凡夫布施。祇求身相端嚴。五欲快樂。故報盡却墮三塗。世尊大慈。教行無相布施者。不求身相端嚴。五欲快樂。但令內破慳心。外利益一切衆生。如是相應。爲不住色布施。

須菩提。菩薩應如是布施。不住於相。

應如是無相心布施者。爲無能施之心。不見有施之物。不分別受施之人。是名不住相布施也。

何以故。若菩薩不住相布施。其福德不可思量。

菩薩行施。無所希求。其所獲福德。如十方虛空。不可較量。言復次者。連前起後之辭。一說布者普也。施者散也。能普散盡心中妄念習氣煩惱。四相泯絕。無所蘊積。是眞布施。又說布施者。由不住六塵境界。又不有漏分別。惟當返歸清淨。了萬法空寂。若不了此意。惟增諸業。故須內除貪愛。外行布施。內外相應。獲福無量。見人作惡。不見其過。自性不生分別。是名離相。依教脩行。心無能所。即是善法。脩行人心有能所。不名善法。能所心不滅。終未得解脫。念念常行般若智。其福無量無邊。依如是修行。感得一切人天恭敬供養。是名為福德。常行不住相布施。普敬一切蒼生。其功德無有邊際。不可稱計。

須菩提。於意云何。東方虛空可思量不。不也。世尊。

緣不住相布施。所得功德。不可稱量。佛以東方虛空為譬喻。故問須菩提。東方虛空可思量不。不也。世尊者。須菩提言。東方虛空不可思量也。

須菩提。南西北方。四維上下虛空。可思量不。不也世尊。

須菩提。菩薩無住相布施。福德亦復如是不可思量。

佛言虛空無有邊際。不可度量。菩薩無住相布施。所得功德亦如虛空。不可度量。無邊際也。世界中大者莫過虛空。一切性中大者莫過佛性。何以故。凡有形相者。不得名爲大。虛空無形相。故得名爲大。一切諸性。皆有限量。不得名爲大。佛性無有限量。故名爲大。此虛空中無東西南北。若見東西南北。亦是住相。不得解脫。佛性本無我人衆生壽者。若有此四相可見。卽是衆生性。不名佛性。亦所謂住相布施也。雖於妄心中說有東西南北。在理則何有。所謂東西不眞。南北曷异。自性本來空寂混融。無所分別。故如來深讚不生分別也

須菩提。菩薩但應如所教住。

慧者唯也。但唯如上所說之教。住無相布施。卽是菩薩也。

如理實見分第五

行行皆如。謂之實見。故受之以如理實見分。

須菩提。於意云何。可以身相見如來不。不也。世尊。不可以身相得見如來。

色身卽有相。法身卽無相。色身者。四大和合。父母所生。肉眼所見。法身者。無有形段。非有青黃赤白。無一切相貌。非肉眼能見。慧眼乃能見之。凡夫但見色身如來。不見法身如來。法身身等虛空。是故佛問須菩提。可以身相見如來不。須菩提知凡夫但見色身如來。不見法身如來。故言不也。世尊。不可以身相得見如來。

何以故。如來所說身相。卽非身相。

色身是相。法身是性。一切善惡。盡由色身。不由法身。色若作惡。法身不生善處。色身作善。法身不墮惡處。凡夫唯見色身。不見法身。不能行無住相布施。不能於一切處行平等行。不能普敬一切衆生。見法身者。卽能行無住相布施。卽能普敬一切衆生。卽能修般若波羅密行。方信一切衆生。同一眞性。本來清淨。無有垢穢。具足恒沙妙用。

佛告須菩提。凡所有相。皆是虛妄。若見諸相非相。則見如來。

如來欲顯法身。說一切諸相皆虛妄。若見是一切諸相虛妄不實。卽見如來無相之理也。

正信希有分第六

見而信之。善根深固。故受之以正信希有分。

須菩提白佛言。世尊。頗有衆生。得聞如是言說章句。生實信不。

須菩提問。此法甚深難信難解。末世凡夫智慧微劣。云何信入。佛答在次下。

佛告須菩提。莫作是說。如來滅後。後五百歲。有持戒修福者。於此章句。能生信心。以此爲實。當知是人。不於一佛二佛三四五佛。而種善根。已於無量千萬佛所。種諸善根。聞是章句。乃至一念。生淨信者。

於我滅後。後五百歲。若復有人。能持大乘無相戒。不妄取諸相。不造生死業。一切時中。心常空寂。不被諸相所縛。卽是無所住心。於如來深法。心能信入。此人所有言說。眞實可信。何以故。此人不於一刼二刼三四五刼而種善根。已於無量千萬億刼。種諸善根。是故如來說。我滅後。後五百歲。有能離相修行者。當知是人。不於一二三四五佛。種諸善根。何名種諸善根。略述次下。所謂於諸佛所。一心供養。隨順敎法。於諸菩薩善知識師僧父母。耆年宿德尊長之前處。常行恭敬。承順敎命。不違其意。是名種諸善根。於一切貧苦衆生。起慈悲心。不生輕厭。有所需求。隨力惠施。是名種諸善根。於一切惡類。自行和柔忍辱。歡喜逢迎。不逆其意。令彼發歡喜心。息剛戾心。是名種諸善根。於六道衆生。不加殺害。不欺不賤。不毀不辱。不騎不箠。不食其肉。常行饒益。是名種諸善根。信心者。信般若波羅密能除一切煩惱。信般若波羅密能成就一切出世功德。信般若波羅密能出生一切諸佛。信自身中佛性本來清淨。無有染汚與諸佛佛性平等無二。信六道衆生本來無相。信一切衆生盡能成佛。是名清淨信心也。

須菩提。如來悉知悉見是諸衆生。得如是無量福德。何以故。是諸衆生。無復我相人相衆生相壽者相。無法相亦無非法相。

若有人於如來滅後。發般若波羅密心。行般若波羅密行。修習悟解。得佛深意者。諸佛無不知之。若有人聞上乘法。一心受持。卽能行般若波羅密無相無著之行。了無我人衆生壽者四相。無我者。無色受想行識也。無人者。了四大不實。終歸地水火風也。無衆生者。無生滅心也。無壽者。我身本無。甯有壽者。四相既亡。卽法眼明澈。不著有無。遠離二邊。自心如來。自悟自覺。永离塵勞妄念。自然得福無邊。無法相者。离名絕相。不拘文字也。亦無非法相者。不得言無般若波羅密法。若言無般若波羅法。即是謗法。

何以故。是諸衆生。若心取相。卽爲著我人衆生壽者。若取法相卽著我人衆生壽者。何以故。若取非法相。卽著我人衆生壽者。

取此三相。竝著邪見。盡是迷人。不悟經意。故修行人不得愛著如來三十二相。不得言我解般若波羅密法。亦不得言不得般若波羅密行。而得成佛。

是故不應取法。不應取非法。以是義故。如來常說。汝等比丘。知我說法如筏喻者。法尙應捨。何況非法。

法者。是般若波羅密法。非法者。生天等法。般若波羅密法。能令一切衆生過生死大海。既得過已。尙不應住。何況生天等法。而得樂著。

無得無說分第七

無得之得。是名眞得。無說之說。是名眞說。故受之以無得無說分。

須菩提。於意云何。如來得阿耨多羅三藐三菩提耶。如來有所說法耶。須菩提言如我解佛所說義。無有定法。名阿耨多羅三藐三菩提。亦無有定法如來可說。

阿耨多羅。非從外得。但心無能所即是也。秖緣對病設藥。隨機宜爲說。何有定法乎。如來說無上正法。心本無得。亦不言不得。但爲衆生所見不同。如來應彼根性。種種方便。開誘化導。俾其離諸執著。

指示一切衆生。妄心生滅不停。逐境界動。於前念暫起。後念應覺。覺既不住。見亦不存。若爾。豈有定法爲如來可說也。阿者。心無妄念。耨多羅者。心無驕慢。三者。心常在正定。藐者。心常在正慧。三菩提者。心常空寂。一念凡心頓除。卽見佛性。

何以故。如來所說法。皆不可取。不可說。非法非非法。

恐人執著如來。所說文字章句。不悟無相之理。妄生知解。故言不可取。如來爲化種種衆生。應機隨量。所有言說。亦何有定乎。學人不解如來深意。但誦如來所說教法。不了本心。終不成佛。故言不可說。口誦心不行卽非法。口誦心行。了無所得。卽非非法。

所以者何。一切賢聖。皆以無爲法而有差別。

三乘根性。所解不同。見有深淺。故言差別。佛說無爲法者。卽是無住。無住卽是無相。無相卽無起。無起卽無滅。蕩然空寂。照用齊皎。鑒覺無礙。乃眞是解脫佛性。佛卽是覺。覺卽是觀照。觀照卽是智慧。智慧卽是般若波羅密多。又本云聖賢說法。具一切智。萬法在性。隨問差別。令人心開。各自見性。

依法出生分第八

無得無說。怖於沉空。一切諸佛皆從此經出。故受之以依法出生分。

須菩提於意云何。若人滿三千大千世界七寶。以用布施。是人所得福德。寧爲多不。須菩提言甚多。世尊。何以故。是福德卽非福德性。是故如來說福德多。

三千大千世界七寶持用布施。福德雖多。於性上一無利益。依摩訶般若波羅密多修行。令自性不墮諸有。是名福德性。心有能所。卽非福德性。能所心滅。是名福德性。心依佛教。行同佛行。是名福德性。不依佛教。不能踐履佛行。卽非福德性。

若復有人。於此經中受持乃至四句偈等。爲他人說。其福勝彼。

十二部教。大意盡在四句中。何以知其然。以諸經中讚歎。四句偈卽是摩訶般若波羅密多。以摩訶般若爲諸佛母。三世諸佛。皆依此經修行。方得成佛。般若心經云。三世諸佛。依般若波羅密多。故得阿耨多羅三藐三菩提。從師所學曰受。解義修行曰持。自解自行是自利。爲人演說是利他。功德廣大。無有邊際。

何以故。須菩提一切諸佛及諸佛阿耨多羅三藐三菩提法。皆從此經出。

此經者。非指此一卷之文也。要顯佛性。從體起用。妙利無窮。般若者。卽智也。慧以方便爲功。智以決斷爲用。卽一切時中覺照心。是一切諸佛及阿耨多羅三藐三菩提法。皆從覺照生。故云此經出也。

須菩提。所謂佛法者。卽非佛法。

所說一切文字章句。如標如指。標指者。影響之義。依標取物。依指觀月。月不是指。指不是物。但依經取法。經不是法。經文則肉眼可見。法則慧眼能見。若無慧眼者。但見其文。不見其法。若不見法。卽不解佛意。不解佛意。則誦經不成佛道。

一相無相分第九

果雖有四。相本無二。故受之以一相無相分。

須菩提。於意云何。須陀洹能作是念我得須陀洹果不。須菩提言不也。世尊。

須陀洹者梵語。唐言逆流。逆生死流。不染六塵。一向脩無漏業。得麤重煩惱不生。決定不受地獄畜生修羅異類之身。名須陀洹果。若了無相法。卽無得果之心。微有得果之心。卽不名須陀洹。故言不也。

何以故。須陀洹名爲入流。而無所入。不入色聲香味觸法。是名須陀洹。

流者。聖流也。須陀洹人也。離麤重煩惱。故得入聖流。而無所入。

無得果之心也。須陀洹者。乃脩行初果也。

須菩提。於意云何。斯陀含能作是念。我得斯陀含果不。須菩提言不也。世尊。何以故。斯陀含名一往來。而實無往來。是名斯陀含。

斯陀含者梵語。唐言一往來。捨三界結縛。三界結盡。故名斯陀含。斯陀含名一往來。往來從天上却到人間生。從人間却生天上竟。遂出生死。三界業盡。名斯陀含果。大乘斯陀含者。目觀諸境。心有一生滅。無第二生滅。故名一往來。前念起妄。後念卽止。前念有著。後念卽離。故實無往來。

須菩提。於意云何。阿那含能作是念。我得阿那含果不。

須菩提言不也。世尊。何以故。阿那含名爲不來。而實無來。是故名阿那含。

阿那含梵語。唐言不還。亦名出欲。出欲者外不見可欲之境。內無欲心可行。定不向欲界受生。故名不來。而實無來。亦名不還。以欲習永盡。決定不來受生。是故名阿那含。

須菩提。於意云何。阿羅漢能作是念。我得阿羅漢道不。須菩提言不也。世尊

諸漏已盡。無復煩惱。名阿羅漢。阿羅漢者。煩惱永盡。與物無諍。若作得果之心。卽是有諍。

何以故。實無有法名阿羅漢。世尊。若阿羅漢作是念。我

得阿羅漢道。卽爲著我人衆生壽者。

阿羅漢梵語。唐言無諍。無煩惱可斷。無貪瞋可離。性無違順。心境俱空。內外常寂。若有得果之心。卽同凡夫。故言不也。

世尊。佛說我得無諍三昧。人中最爲第一。是第一離欲阿羅漢。我不作是念。我是離欲阿羅漢。

何名無諍三昧。謂阿羅漢心無生滅去來。惟有本覺常照。故名無諍三昧。三昧梵語。此云正受。亦云正見。遠離九十六種邪見。是名正見。然空中亦有明暗諍。性中有邪正諍。念念常正。無一念邪心。卽是無諍三昧。修此三昧。人中最爲第一。若有一念得果心。卽不名無諍三昧。

世尊。我若作是念。我得阿羅漢道。世尊卽不說須菩提是樂阿蘭那行者。以須菩提實無所行。而名須菩提是樂阿蘭那行。

阿蘭那梵語。唐言無諍行。無諍卽是清淨行。清淨行者。爲除去有所得心也。若存有所得心。卽是有諍。有諍卽非清淨道。常得無所得心。卽是無諍行也。

莊嚴淨土分第十

清淨心生。是爲淨土。莊嚴所相。卽非莊嚴。故受之以莊嚴淨土分。

佛告須菩提。於意云何。如來昔在然燈佛所。於法有所得不。不也。世尊。如來在然燈佛所。於法實無所得。

佛恐須菩提有得法之心。爲遣此疑。故問之。須菩提知法無所得。而白佛言。不也。然燈佛是釋迦授記之師。故問須菩提。我於師處有法可得不。須菩提即謂法因師開示。而實無所得。但悟自性本來清淨。本無塵勞。寂然常然。即自成佛。當知世尊在然燈佛所。於法實無所得。如來法者。譬如日光明照。無有邊際。而不可取。

須菩提於意云何。菩薩莊嚴佛土不。不也。世尊。何以故。莊嚴佛土者。卽非莊嚴。是名莊嚴。

清淨佛土。無相無形。何物而能莊嚴耶。唯以定慧之寶。假名莊嚴。事理莊嚴有三。第一莊嚴世間佛土。造寺寫經布施供養是也。第二莊嚴見佛土。見一切人。普行恭敬是也。第三莊嚴心卽佛土。心淨佛土淨。念念常行佛心是也。

是故須菩提。諸菩薩摩訶薩。應如是生清淨心。不應住色生心。不應住聲香味觸法生心。應無所住。而生其心

此修行人不應談他是非。自言我能我解。心輕未學。此非清淨心也。自性常生智慧。行平等慈悲心。恭敬一切衆生。是修行人清淨心也。若不自淨其心。愛著清淨處。心有所住。卽是著法相。見色著色。住色生心。卽是迷人。見色離色。不住色生心。卽是悟人。住色生心。如雲蔽天。不住色生心。如空無雲。日月長照。住色生心。卽是妄念。不住色生心。卽是眞智。妄念生則暗。眞智照則明。明卽煩惱不生。暗則六塵競起。

須菩提。譬如有人。身如須彌山王。於意云何。是身爲大不。須菩提言甚大。世尊。何以故。佛說非身。是名大身。

色身雖大。內心量小。不名大身。內心量大。等虛空界。方名大身。色身縱如須彌山王。不爲大也。

無爲福勝分第十一

有爲之福。限量有窮。無爲之福。殊勝無比。故受之以無爲福勝分。

須菩提。如恒河中所有沙數。如是沙等恒河。於意云何。是諸恒河沙。寧爲多不。須菩提言。甚多。世尊。但諸恒河尚多無數。何況其沙。須菩提。我今實言告汝。若有善男子。善女人。以七寶滿爾所恒河沙數三千大千世界。以用布施。得福多不。須菩提言。甚多。世尊。佛告須菩提。若善男子。善女人。於此經中。乃至受持四句偈等。爲他人說而此福德勝前福德。

布施七寶。得三界中富貴報。講說大乘經典。令諸聞者生大智慧。成無上道。當知受持福德。勝前七寶福德。

尊重正教分第十二

是經所在天龍敬事。故受之以尊重正教分。

復次須菩提。隨說是經。乃至四句偈等。當知此處。一切世間天人阿修羅。皆應供養。如佛塔廟。

所在之處。如有人卽說是經。若念念常行無念。心無所得心。不作能所心說。若能遠離諸心。常依無所得心。卽此身中有如來全身舍利。故言如佛塔廟。以無所得心說此經者。感得天龍八部。悉來聽受。心若不清淨。但爲名聲利益而說是經者。死墮三塗。有何利益。心若淸淨爲說是經。令諸聽者除迷妄心。悟得本來佛性。常行眞實。感得天人阿脩羅等。皆來供養持經人也。

何況有人盡能受持讀誦。須菩提。當知是人。成就最上第一希有之法。若是經典所在之處。卽爲有佛。若尊重弟子。

自心誦得此經。自心解得經義。自心體得無著無相之理。所在之處。常脩佛行。念念心無有間歇。卽自心是佛。故言所在之處。則爲有佛。

如法受持分第十三

至道無名。假之方便。以是名字。行者受持。故受之以如法受持分。

爾時須菩提白佛言。世尊。當何名此經。我等云何奉持。佛告須菩提。是經名爲金剛般若波羅蜜。以是名字。汝當奉持。所以者何。須菩提。佛說般若波羅蜜。卽非般若波羅蜜。

佛說般若波羅密。令諸學人用智慧除却愚心生滅。生滅除盡。卽到彼岸。若心有所得。不到彼岸。心無一法可得。卽是彼岸。口說心行。乃是到彼岸。

須菩提於意云何。如來有所說法不。須菩提白佛言世尊。如來無所說。

佛問須菩提。如來說法。心有所得不。須菩提知如來說法。心無所得

○故言無所說也○如來意者○欲令世人離有所得之心○故說般若波羅密法○令一切人聞之○皆發菩提心○悟無生理○成無上道○

須菩提。於意云何。三千大千世界。所有微塵。是爲多不。須菩提言。甚多。世尊。須菩提。諸微塵。如來說非微塵。是名微塵。如來說世界。非世界。是名世界。

如來說衆生性中妄念○如三千大千世界中所有微塵○一切衆生○被妄念微塵起滅不停○遮蔽佛性○不得解脫○若能念念眞正修般若波羅密無著無相之行○了妄念塵勞○卽淸淨法性○妄念旣無○卽非微塵○是名微塵○了眞卽妄○了妄卽眞○眞妄俱泯○無別有法○故云是名微塵○性中無塵勞○卽是佛世界○心中有塵勞○卽是衆生世界○了諸妄念空寂○故云非世界○證得如來法身　普見塵剎○應用無方○是名世界○

須菩提。於意云何。可以三十二相見如來不。不也。世尊。不可以三十二相得見如來。何以故。如來說三十二相。卽是非相。是名三十二相。

三十二相者。是三十二清淨行。三十二清淨行者。於五根中修六波羅密。於意根中修無相無爲。是名三十二清淨行。常脩此三十二清淨行。卽得成佛。若不脩三十二相清淨行。終不成佛。但愛著如來三十二相。自不修三十二相行。終不得見如來。

須菩提。若有善男子善女人。以恒河沙等身命布施。若復有人。於此經中乃至受持四句偈等。爲他人說。其福甚多。

世間重者莫過於身命。菩薩爲法。於無量刼中捨施身命與一切衆生。其福雖多。亦不如受持此經四句之福。多刼捨身。不了空義。妄心不除。元是衆生。一念持經。我人頓盡。妄想旣除。言下成佛。故知多刼捨身。不如持經四句之福。

離相寂滅分第十四

聞經解義。獨悟實相。故受之以離相寂滅分。

爾時。須菩提聞說是經。深解義趣。涕淚悲泣。而白佛言。希有世尊。佛說如是甚深經典。我從昔來所得慧眼。未曾得聞如是之經。世尊若復有人得聞是經。信心淸淨。則生實相。當知是人。成就第一希有功德。

自性不癡名慧眼。聞法自悟名法眼。須菩提是阿羅漢。於五百弟子中。解空第一。已曾勤奉多佛。豈得不聞如是深法。豈於釋迦牟尼佛所始言聞之。然或是須菩提於往昔所得。乃聲聞慧眼。至今方悟佛意。故始得聞如是深經。悲昔未悟。故涕淚悲泣。聞經諦念。謂之清淨。從清淨體中。流出般若波羅密多深法。當知決定成就諸佛功德也。

世尊。是實相者。卽是非相。是故如來說名實相。

雖行清淨行。若見垢淨二相。當情並是垢也。卽非清淨心也。但心有所得。卽非實相。

世尊。我今得聞如是經典。信解受持。不足爲難。若當來世。後五百歲。其有衆生。得聞是經。信解受持。是人卽爲

第一希有。何以故。此人無我相。無人相。無衆生相。無壽者相。所以者何。我相卽是非相。人相衆生相壽者相卽是非相。何以故。離一切諸相。卽名諸佛。

須菩提深悟佛意。蓋自見業盡垢除。慧眼明徹。信解受持。卽無難也。世尊在世說法之時。亦有無量衆生。不能信解受持。何必獨言後五百歲。蓋佛在之曰。雖有中下根不信及懷疑者。卽往問佛。佛卽隨宜爲說。無不契悟。佛滅後。後五百歲。漸至末法。去聖遙遠。但存言教。人若有疑。無處咨決。愚迷抱執。不悟無生。著相馳求。輪迴諸有。於此時中。得聞深經。淸心敬信。悟無生理者。甚爲希有。故言第一希有。於如來滅後。後五百歲。若復有人。能於般若波羅密甚深經典。信解受持者。卽知此人無我人衆生壽者之相。無此四相。是名實相。即是佛心。故曰離一切諸相。則名諸佛。

佛告須菩提。如是如是。

佛印可須菩提所解。善契我心。故重言如是也。

若復有人。得聞是經。不驚不怖不畏。當知是人。甚爲希有。

聲聞久著法相。執有爲解。不了諸法本空。一切文字。皆是假立。忽聞深經。諸相不生。言下即佛。所以驚怖。唯是上根菩薩。得聞此理。歡喜受持。心無恐怖退轉。如此之流。甚爲希有。

何以故。須菩提。如來說第一波羅蜜。即非第一波羅蜜。是名第一波羅蜜。

口說心不行卽非。口說心行卽是。心有能所卽非。心無能所卽是也。

須菩提。忍辱波羅蜜。如來說非忍辱波羅蜜。

見有辱境當情。卽非。不見辱境當情。卽是。見有身相。當彼所害。卽非。不見有身相。當彼所害。卽是。

何以故。須菩提。如我昔爲歌利王割截身體。我於爾時。無我相。無人相。無衆生相。無壽者相。何以故。我於往昔節節支解時。若有我相人相。衆生相壽者相。應生瞋恨。

如來因中在初地時。爲忍辱仙人。被歌利王割截身體。無一念痛惱之心。若有痛惱之心。卽生嗔恨。歌利王是梵語。此云無道極惡君也。一說如來因中。曾爲國王。常行十善。利益蒼生。國人歌讚此王。故云歌利王。求無上菩提。修忍辱行。爾時天帝釋化作旃檀羅。乞王身肉。即割施。殊無瞋惱。今並存二說。於理俱通。

須菩提。又念過去於五百世。作忍辱仙人。於爾所世。無我相。無人相。無衆生相。無壽者相。

如來因中於五百世修忍辱波羅密。以得四相不生。如來自述往因者。欲令一切修行人。成就忍辱波羅密行。行忍辱波羅密行者。不見一切人過惡。寃親平等。無是無非。被他打罵殘害。歡喜受之。倍加恭敬。行如是行者。即能成就忍辱波羅密也。

是故須菩提。菩薩應離一切相。發阿耨多羅三藐三菩提心。

不應住色生心。不應住聲香味觸法生心。應生無所住心。

不應住色生心者○是都標也○聲香等別○列其名也○於此六塵起憎愛心○由此妄心○積集無量業結○覆蓋佛性○雖種種勤苦修行○不除心垢○無解脫之理○推其根本○都由色上住心○如能念念常行般若波羅密○推諸法空○不生執著○念念常自精進○一心守護○無令放逸○淨名經云○上求一切智○無非時求○大般若經云○菩薩摩訶薩晝夜精勤○常住般若波羅密多○相應作意○無時暫捨

若心有住。則爲非住。

若心住涅槃○非是菩薩住處○不住涅槃○不住諸法○一切處不住○方是菩薩住處○上文說應無所住而生其心是也○

是故佛說菩薩心。不應住色布施。須菩提。菩薩爲利益一切衆生。應如是布施。

菩薩不爲求望自身快樂。而行布施。但爲內破慳心。外利益一切衆生。而行布施也。

如來說一切諸相。卽是非相。又說一切衆生。則非衆生。

如者不生。來者不滅。不生者我人等相不生。不滅者覺照不滅。下文云。如來者無所從來。亦無所去。故名如來。如來說我人等相。畢竟可破壞。非眞實體也。一切衆生。盡是假名。若離妄心。卽無衆生可得。故言卽非衆生。

須菩提。如來是眞語者。實語者。如語者。不誑語者。不異語者。

眞語者說一切有情無情皆有佛性。實語者說衆生造惡業定受苦報。如語者說衆生修善法。定有樂報。不誑語者。說般若波羅密法。出生三世佛。決定不虛。不異語者如來所說初善中善後善旨意微妙。一切天魔外道。無有能超勝及破壞佛語者也。

須菩提。如來所得法。此法無實無虛。

無實者以法體空寂。無相可得。然中有恆沙性德。用之不匱。故言無虛。欲言其實。無相可得。欲言其虛。用而無間。是故不得言無。不得言有。得無而不無。言譬不及者。其唯眞智乎。若不離相修行。無由臻此。

須菩提。若菩薩心住於法。而行布施。如人入闇。卽無所見。

於一切法。心有住着。則不了三輪體空。如盲者處闇。無所曉了。華嚴經云。聲聞在如來會中聞法。如盲如聾。爲住諸法相故也。

若菩薩心不住法。而行布施。如人有目。日光明照。見種種色。

若菩薩常行般若波羅密多無著無相行。如人有目。處於皎日之中何所不見也。

須菩提。當來之世。若有善男子善女人。能於此經。受持讀誦。則爲如來以佛智慧。悉知是人。悉見是人。皆得成就無量無邊功德。

當來之世者。如來滅後。後五百歲。濁惡之世。邪法競起。正法難行。於此時中。若有善男子善女人。得遇此經。從師稟受。讀誦在心。精進不忘。依義修行。悟入佛之知見。則能成就阿耨菩提。以是三世諸佛。無不知之。

持經功德分第十五

受持讀誦。自利利他。功德無邊。不可稱量。故受之以持經功德分。

須菩提。若有善男子善女人。初日分以恒河沙等身布施。中日分復以恒河沙等身布施。後日分亦以恒河沙等身布施。如是無量百千萬億刼。以身布施。若復有人

聞此經典。信心不逆。其福勝彼。何況書寫受持讀誦。為人解說。

佛說末法之時。得聞此經。信心不逆。四相不生。卽是佛之知見。此人功德。勝前多劫捨身功德。百千萬億不可譬喻。一念聞經。其福尚多。何況更能書寫受持為人解說。當知此人。決定成就阿耨多羅三藐三菩提。所以種種方便。為說如是甚深經典。俾離諸相。得阿耨多羅三藐三菩提。所得福德。無有邊際。蓋緣多劫捨身。不了諸法本空。心有能所。未離衆生之見。如能聞經悟道。我人頓盡。言下卽佛。將捨身有漏之福。比持經無漏之慧。實不可及。故雖十方聚寶。三世捨身。不如持經四句偈。

法云。心有能所四字。一本云。有能捨所捨心。有元來未離衆生之見。此解意又分明。故兩存之。

須菩提。以要言之。是經有不可思議。不可稱量。無邊功德。

持經之人。心無我所。無我所故。是爲佛心。佛心功德。無有邊際。故言不可稱量。

如來爲發大乘者說。爲發最上乘者說。

大乘者智慧廣大。善能建立一切法。最上乘者。不見垢法可厭。不見淨法可求。不見衆生可度。不見涅槃可證。不作度衆生心。不作不度衆生心。是名最上乘。亦名一切智。亦名無生忍。亦名大般若。

若有人能受持讀誦。廣爲人說。如來悉知是人。悉見是人。皆得成就不可量。不可稱。無有邊。不可思議功德。如是人等。卽爲荷擔如來阿耨多羅三藐三菩提。

若有人發心求佛無上道。聞此無相無爲甚深之法。卽當信解受持。爲人解說。令其深悟。不生毀謗。得大忍力。大智慧力。大方便力。方能流通此經也。上根之人。聞此經典。得深悟佛意。持自心經。見性究竟。復起利他之行。能爲人解說。令諸學者。自悟無相理。得見本性如來。成無上道。當知說法之人。所得功德。無有邊際。不可稱量。聞經解義。如教修行。復能廣爲人說。令諸衆生。得悟修行無相無著之行。以能行此行。有大智慧光明。出離塵勞。雖離塵勞。不作離塵勞之念。卽得阿耨多羅三藐三菩提。故名荷擔如來。當知持經之人。自有無量無邊不可思議功德。

何以故須菩提。若樂小法者。著我見人見衆生見壽者見。卽於此經。不能聽受讀誦。爲人解說。

何名樂小法者。爲二乘聲聞人。樂小果不發大心。故卽於如來深法。不能受持讀誦。爲人解說。

須菩提在在處處。若有此經。一切世間天人阿修羅。所應供養。當知此處。則爲是塔。皆應恭敬作禮圍繞。以諸華香而散其處。

若人口誦般若。心行般若。在在處處。常行無爲無相之行。此人所在之處。如有佛塔。感得一切天人。各持供養。作禮恭敬。與佛無異。能受持經者。是人心中。自有世尊。故云如佛塔廟。當知所得福德。無量無邊。

能淨業障分第十六

恆沙罪業。一念消除果報。

復次須菩提。若善男子。善女人。受持讀誦此經。若為人輕賤。是人先世罪業。應墮惡道。以今世人輕賤故。先世罪業則為消滅。當得阿耨多羅三藐三菩提。

佛言持經之人。如得一切天人恭敬供養。為前生有重業障故。今生雖得受持諸佛如來甚深經典。常被人輕賤。不得人恭敬供養。自以受持經典故。不起人我等相。不問寃親。常行恭敬。心無惱恨。蕩然無所計較。念念常行般若波羅密行。曾無退轉。以能如是修行故。得無量刼以至今生。所有極惡罪障。並能消滅。又約理而言。先世即是前念妄心。今世即是後念覺心。以後念覺心。輕賤前念妄心。妄不得住。故云先世罪業。即為消滅。妄念既滅。罪業不成。即得菩提也。

須菩提。我念過去無量阿僧祇刼。於然燈佛前。得值八百四千萬億那由他諸佛。悉皆供養承事。無空過者。若復有人於後末世。能受持讀誦此經。所得功德。於我所供養諸佛功德。百分不及一。千萬億分乃至算數譬喻所不能及。

供養恒沙諸佛。施寶滿三千界。捨身如微塵數。種種福德不及持經一念悟無生理。息希望心。遠離衆生顛倒知見。卽到波羅密彼岸。永出三塗。證無餘涅槃也。

須菩提。若善男子善女人。於後末世。有受持讀誦此經。所得功德。我若具說者。或有人聞。心則狂亂。狐疑不信。

佛言末法衆生。德薄垢重。嫉妬彌深。邪見熾盛。於此時中。如有善男子善女人。受持讀誦此經。圓成法相。了無所得。念念常行慈悲喜捨。謙下柔和。究竟成就無上菩提。或有人不知如來正法。常住不滅。聞說如來滅後。後五百歲。有人能成就無相心。行無相行。得阿耨多羅三藐三菩提。則必心生驚怖。狐疑不信。

須菩提當知是經義不可思議。果報亦不可思議。

是經義者。卽無著無相行也。云不可思議者。讚歎無著無相行。能成就阿耨多羅三藐三菩提也。

究竟無我分第十七

本來無我。安得有人。爲度彼人。故權立我。故受之以究竟無我分。

爾時須菩提。白佛言。世尊。善男子。善女人。發阿耨多羅

三藐三菩提心。云何應住。云何降伏其心。佛告須菩提。善男子善女人。發阿耨多羅三藐三菩提心者。當生如是心。我應滅度一切衆生。滅度一切衆生已。而無有一衆生實滅度者。

須菩提問佛。如來滅後後五百歲。若有人發阿耨多羅三藐三菩提心。依何法而住。如何降伏其心。佛言當發度脫一切衆生心。度脫一切衆生。盡得成佛已。不得見有一衆生是我滅度者。何以故。爲除能所心。除有衆生心。亦除我見心也。

何以故。須菩提。若菩薩有我相。人相。衆生相。壽者相。則非菩薩。

菩薩若見有衆生可度者。即是我相。有能度衆生心。即是人相。謂涅槃可求。即是衆生相。見有涅槃可證。即是壽者相。有此四相。即非菩薩也。

所以者何。須菩提。實無有法發阿耨多羅三藐三菩提心者。

有法者。我人等四法是也。不除四法。終不得菩提。若言我發菩提心者。亦是人我等法。人我等法。是煩惱根本。

須菩提於意云何。如來於然燈佛所。有法得阿耨多羅三藐三菩提不。不也。世尊。如我解佛所說義。佛於然燈佛所。無有法得阿耨多羅三藐三菩提。佛言。如是如是。

佛告須菩提。我於師處。不除四相。得授記不。須菩提深解無相之理。故言不也。善契佛意。故佛言。如是如是。言是。卽印可之辭也。

須菩提。實無有法如來得阿耨多羅三藐三菩提。須菩提。若有法如來得阿耨多羅三藐三菩提者。然燈佛則不與我授記。汝於來世。當得作佛。號釋迦牟尼。以實無法得阿耨多羅三藐三菩提。是故然燈佛與我授記。作是言。汝於來世。當得作佛。號釋迦牟尼。何以故。如來者。卽諸法如義。

佛言實無我人衆生壽者。始得受菩提記。我若有發菩提心。然燈佛則不與我授記。以實無所得。然燈佛始與我授記。此一段文。總成須菩提無我義。佛言諸法如義者。諸法卽是色聲香味觸法。於此六塵中。善能分別。而本體湛然。不染不著。曾無變異。如空不動。圓通瑩澈歷刼常存。是名諸法如義。菩薩瓔珞經云。毀譽不動。是如來行。入佛境界經云。諸欲不染故。敬禮無所觀。

若有人言。如來得阿耨多羅三藐三菩提。須菩提。實無有法佛得阿耨多羅三藐三菩提。須菩提。如來所得阿耨多羅三藐三菩提。於是中無實無虛。

佛言實無所得心。而得菩提。以所得心不生。是故得菩提。離此心外。更無菩提可得。故言無實也。所得心寂滅。一切智本有。萬行悉圓備。恒沙德性。用無乏少。故言無虛也。

是故如來說一切法。皆是佛法。須菩提。所言一切法者。

即非一切法。是故名一切法。

能於諸法。心無取捨。亦無能所。熾然建立一切法。而心常空寂。故知一切法皆是佛法。恐迷者貪著。一切生爲佛法。爲遣此病。故言卽非一切法。心無能所。寂而常照。定慧齊行。體用一致。是故名一切法。

須菩提。譬如人身長大。須菩提言世尊。如來說人身長大則爲非大身。是名大身。

如來說人身長大。則爲非大身者。以顯一切衆生。法身不二。無有限量。是名大身。法身本無處所。故言則非大身。又以色身雖大。內無智慧。卽非大身。色身雖小。內有智慧。得名大身。雖有智慧。不能依行。卽非大身。依教修行。悟入諸佛無上知見。心無能所限量。是名大身也。

須菩提。菩薩亦如是。若作是言。我當滅度無量衆生。則不名菩薩。

菩薩若言由我說法。除得彼人煩惱。卽是法我。若言我度得衆生。卽有我所。雖度脫衆生。心有能所。我人不除。不得名爲菩薩。熾然說種種方便。化度衆生。心無能所。卽是菩薩也。

何以故。須菩提。實無有法。名爲菩薩。是故佛說一切法。無我無人無衆生無壽者。

須菩提。若菩薩作是言。我當莊嚴佛土。是不名菩薩。何以故。如來說莊嚴佛土者。卽非莊嚴。是名莊嚴。

菩薩若言我能建立世界者。卽非菩薩。雖然建立世界。心有能所。卽非菩薩。熾然建立世界。能所心不生。是名菩薩。最勝妙定經云。假使有人造得白銀精舍滿三千大千世界。不如一念禪定心。心有能所。卽非禪定。能所不生。是名禪定。禪定卽是淸淨心也。

須菩提。若菩薩通達無我法者。如來說名眞是菩薩。

於諸法相。無所滯碍。是名通達。不作解法心。是名無我法。無我法者。如來說名。眞是菩薩。隨分行持。亦得名爲菩薩。然未爲眞菩薩。解行圓滿。一切能所心盡。方得名眞是菩薩。

一體同觀分第十八

一眼攝五眼。一沙攝恆河沙。一世界

攝多世界○一心攝若干心○故受之以一體同觀分○

須菩提。於意云何。如來有肉眼不。如是世尊。如來有肉眼。須菩提。於意云何。如來有天眼不。如是世尊。如來有天眼。須菩提。於意云何。如來有慧眼不。如是世尊。如來有慧眼。須菩提。於意云何。如來有法眼不。如是世尊。如來有法眼。須菩提。於意云何。如來有佛眼不。如是世尊。如來有佛眼。

一切人盡有五眼○爲迷所覆○不能自見○故佛教除却迷心○卽五眼開明○念念修行般若波羅密法○初除迷心○名爲第一肉眼○見一切衆生○皆有佛性○起憐愍心○是名爲第二天眼○痴心不生○名爲第三慧眼

著法心除。名爲第四法眼。細惑永盡。圓明徧照。名爲第五佛眼。又云見色身中有法身。名爲天眼。見一切衆生。各具般若性。名爲慧眼。見性明徹。能所永除。一切佛法。本來自備。名爲法眼。見般若波羅密。能生三世一切法。名爲佛眼。

須菩提。於意云何。如恒河中所有沙。佛說是沙不。如是。世尊。如來說是沙。須菩提。於意云何。如一恒河中所有沙。有如是沙等恒河。是諸恒河所有沙數佛世界。如是寧爲多不。甚多。世尊。

恒河者。西國祇園精舍側近河。如來說法。指此河爲喻。佛說此河中沙一沙況一世界。以爲多不。須菩提言甚多。世尊。佛擧此衆多國土者。欲明其中。所有衆生。一一衆生。皆有若許心數也。

佛告須菩提。爾所國土中。所有衆生。若干種心。如來悉知。何以故。如來說諸心皆爲非心。是名爲心。

爾所國土中所有衆生。一一衆生。皆有若干差別心數。心數雖多。總名妄心。識得妄心非心。是名爲心。此心卽眞心。常心。佛心。般若波羅密心。淸淨菩提涅槃心。

所以者何。須菩提。過去心不可得。現在心不可得。未來心不可得。

過去心不可得者。前念妄心。瞥然已過。追尋無有處所。現在心不可得者。眞心無相。憑何得見。未來心不可得者。本無可得。習氣已盡。更不復生。了此三心皆不可得。是名爲佛。

法界通化分第十九

遍周法界。一化普通。七寶福田。寧如四句。故受之以法界通化分。

須菩提。於意云何。若有人滿三千大千世界七寶以用布施。是人以是因緣。得福多不。如是。世尊。此人以是因緣。得福甚多。須菩提。若福德有實。如來不說得福德多。以福德無故。如來說得福德多。

七寶之福。不能成就佛果菩提。故言無也。以其無量數限。故名曰多。如能超過。卽不說多也。

離色離相分第二十

三身具足。諸相圓成。人法俱忘。卽非具足。故受之以離色離相分。

須菩提。於意云何。佛可以具足色身見不。不也。世尊。如來不應以具足色身見。何以故。如來說具足色身。卽非具足色身。是名具足色身。

佛意恐衆生不見法身。但見三十二相。八十種好。紫磨金耀。以爲如來眞身。爲遣此迷。故問須菩提。佛可以具足色身見不。三十二相卽非具足色身。內具三十二淨行。是名具足色身。淨行者。卽六波羅密是也。於五根中修六波羅密。於意根中定慧双修。是名具足色身。徒愛如來三十二相。內不行三十二淨行。卽非具足色身。不愛如來色身。能自持淸淨行。亦名得具足色身。

須菩提。於意云何。如來可以具足諸相見不。不也。世尊。如來不應以具足諸相見。何以故。如來說諸相具足。卽非具足。是名諸相具足。

如來者。卽無相法身是也。非肉眼所見。慧眼乃能見之。慧眼未明具足。生我人等相。以觀三十二相爲如來者。卽不名爲具足也。慧眼明徹。我人等相不生。正智光明常照。是名諸相具足。三毒未泯。言見如來眞身者。固無此理。縱能見者。祇是化身。非眞實無相之法身也。

非說所說分第二十一

終日談空。不談一字。若云有說。卽謗如來。故受之以非說所說分。

須菩提。汝勿謂如來作是念。我當有所說法。莫作是念。何以故。若人言如來有所說法。卽爲謗佛。不能解我所說故。須菩提。說法者。無法可說。是名說法。

凡夫說法。心有所得。故告須菩提。如來說法。心無所得。凡夫作能解心說。如來語默皆如。所發言辭。如響應聲。任用無心。不同凡夫作生滅心說。若言如來說法。心有生滅者。卽爲謗佛。維摩經云。眞說法。無說無示。聽法者。無聞無得。了萬法空寂。一切名言。皆是假立。於自空性中。熾然建立。一切言辭演說。諸法無相無爲。開導迷人。令見本性。修證無上菩提。

爾時。慧命須菩提白佛言。世尊。頗有衆生。於未來世。聞說是法。生信心不。佛告須菩提。彼非衆生。非不衆生。何以故。須菩提。衆生衆生者。如來說非衆生。是名衆生。

靈幽法師加此。爾時慧命須菩提以下六十二字。是長慶二年。今現在濠州鐘離寺石碑上。記六祖解在前。故無解。今亦存之。

無法可得分第二十二　無上正智。實無少法。法無所得。

正徧歷然。故受之以無法可得分。

須菩提白佛言。世尊。佛得阿耨多羅三藐三菩提。為無所得耶。佛言。如是如是。須菩提。我於阿耨多羅三藐三菩提。乃至無有少法可得。是名阿耨多羅三藐三菩提。

須菩提言。所得心盡。卽是菩提。佛言如是。我於菩提實無希求心。亦無所得心。以如是故。得名阿耨多羅三藐三菩提。

淨心行善分第二十三　一法存心。情生高下。淨心修行。

善法何窮。故受之以淨心行善分。

復次須菩提。是法平等。無有高下。是名阿耨多羅三藐三菩提。以無我無人無衆生無壽者。修一切善法。則得阿耨多羅三藐三菩提。

此菩提法者。上至諸佛。下至昆蟲。盡含種智。與佛無異。故言平等。無有高下。以菩提無二故。但離四相。修一切善法。則得菩提。若不離四相。雖修一切善法。轉增我人欲證解脫之心。無由可了。若離四相。修一切善法。解脫可期。修一切善法者。於一切法。無有染著。對一切境。不動不搖。於出世法。不貪不著。不愛。於一切處常行方便。隨順衆生。使之歡喜信服。爲說正法。令悟菩提。如是始名修行。故言修一切善法。

須菩提所言善法者。如來說卽非善法。是名善法。

修一切善法。希望果報。卽非善法。六度萬行熾然俱作。心不望報。

是名善法。

福智無比分第二十四

施寶如山。山非無盡。大身妙智。斯卽寶山。故受之以福智無比分。

須菩提。若三千大千世界中。所有諸須彌山王。如是等七寶聚。有人持用布施。若人以此般若波羅蜜經。乃至四句偈等。受持讀誦。爲他人說。於前福德百分不及一。百千萬億分。乃至算數譬喩所不能及。

大鐵圍山。高廣二百二十四萬里。小鐵圍山。高廣一百一十二萬里。須彌山高廣三百三十六萬里。以此名爲三千大千世界。就理而言。卽貪嗔痴妄念各具一千也。如爾許山盡如須彌。以況七寶數持用布施。

所得福德。無量無邊。終是有漏之因。而無解脫之理。摩訶般若波羅密多四句經文雖少。依之修行。即得成佛。是知持經之福。能令衆生證得菩提。故不可比。

化無所化分第二十五

化門建立。未脫筌蹄。以要言之。實無所住。故受之以化無所化分。

須菩提於意云何。汝等勿謂如來作是念。我當度衆生。須菩提。莫作是念。何以故。實無有衆生如來度者。若有衆生如來度者。如來則有我人衆生壽者。

須菩提意謂如來有度衆生心。佛爲遣須菩提如是疑心。故言莫作是念。一切衆生。本自是佛。若言如來度得衆生成佛。即爲妄語。以妄語故。即是我人衆生壽者。此爲遣我所心也。夫一切衆生。雖有佛性。

若不因諸佛說法。無由自悟。憑何修行。得成佛道。

須菩提。如來說有我者。則非有我。而凡夫之人。以爲有我。須菩提。凡夫者。如來說卽非凡夫。是名凡夫。

如來說有我者是自性淸淨。常樂我淨之我。不同凡夫貪嗔無明虛妄不實之我。故言凡夫之人。以爲有我。有我人者。卽是凡夫。我人不生。卽非凡夫。心有生滅。卽是凡夫。心無生滅。卽非凡夫。不悟般若波羅密多。卽是凡夫。若悟般若波羅密多。卽非凡夫。心有能所。卽是凡夫。心無能所。卽非凡夫。

法身非相分第二十六

色見聲求。是行邪道。於玆妙契。獨露眞常。故受之以法身非相分。

須菩提於意云何。可以三十二相觀如來不。須菩提言。如是如是。以三十二相觀如來。佛言若以三十二相觀如來者。轉輪聖王。則是如來。須菩提白佛言世尊。如我解佛所說義。不應以三十二相觀如來。

世尊大慈。恐須菩提執相之病未除。故作此問。須菩提未知佛意。乃言如是。如是之言。早是迷心。更言以三十二相觀如來。又是一重迷心。離眞轉遠。故如來爲說除彼迷心。若以三十二相觀如來者。轉輪聖王。卽是如來。轉輪聖王。雖有三十二相。豈得同如來。世尊引此言者。以遣須菩提執相之病。令其所悟深澈。須菩提被問。迷心頓釋。故云如我解佛所說義。不應以三十二相觀如來。須菩提是大阿羅漢。所悟甚深得方便。不生迷路。以冀世尊除遺細惑。令後世衆生所見不謬也。

爾時世尊而說偈言。

若以色見我。以音聲求我。是人行邪道。不能見如來。

若以兩字。是發語之端。色者相也。見者識也。我者。是一切衆生身中自性清淨。無爲無相眞常之體。不可高聲念佛。而得成就。念須正念分明。方得悟解。若以色聲求之。不可見也。是知於相中觀佛。聲中求法。心有生滅。不悟如來矣。

無斷無滅分第二十七　相而無相。空且不空。亘古亘今。

孰云斷滅。故受之以無斷無滅分。

須菩提。汝若作是念。如來不以具足相故。得阿耨多羅三藐三菩提。須菩提。莫作是念。如來不以具足相故得阿耨多羅三藐三菩提。須菩提。汝若作是念。發阿耨多羅三藐三菩提心者。說諸法斷滅相。莫作是念。何以故。發阿耨多羅三藐三菩提心者。於法不說斷滅相。

須菩提聞說眞身離相。便謂不修三十二淨行。而得菩提。佛語須菩提。莫言如來不修三十二淨行。而得菩提。汝若言不修三十二淨行。得阿耨菩提者。卽是斷佛種性。無有是處。

不受不貪分第二十八

大心成忍。本自無貪。世福甚多。云何有受。故受之以不受不貪分。

須菩提。若菩薩以滿恒河沙等世界七寶持用布施。若復有人知一切法無我。得成於忍。此菩薩勝前菩薩所得功德。何以故。異本有此三字須菩提。以諸菩薩不受福德故。須菩提白佛言。世尊。云何菩薩不受福德。須菩提。菩薩所作福德。不應貪著。是故說不受福德。

通達一切法。無能所心。是名爲忍。此人所得福德。勝前七寶福德。菩薩所作福德。不爲自己。意在利益一切衆生。故言不受福德。

威儀寂靜分第二十九

去來坐臥。無不如如。故受之以威儀寂靜分。

須菩提。若有人言。如來若來若去。若坐若臥。是人不解我所說義。何以故。如來者。無所從來。亦無所去。故名如來。

如來非來非不來○非去非不去○非坐非不坐○非臥非不臥○行住坐臥四威儀中○常在空寂○卽是如來也○

一合相理分第三十

信心不斷○斯卽微塵○信實徧充○是名世界○界塵一合○法爾如然○故受之以一合相理分○

須菩提。若善男子善女人。以三千大千世界。碎爲微塵。於意云何。是微塵衆寧爲多不。須菩提言。甚多。世尊。此二句原本無何以故。若是微塵衆實有者。佛則不說是微塵衆。所以者何。佛說微塵衆。卽非微塵衆。是名微塵衆。

佛說三千大千世界。以喻一切衆生性上微塵之數。如三千大千世界中所有微塵。一切衆生性上妄念微塵。卽非微塵者。聞經悟道。覺慧常照。趣向菩提也。念念不住。常在淸淨。如是淸淨微塵。是名微塵衆。

世尊。如來所說三千大千世界。則非世界。是名世界。

三千者約理而言。則貪嗔痴妄念各具一千數也。心爲善惡之本。能作凡作聖。其動靜不可測度。廣大無邊。故名大千世界。

何以故。若世界實有者。則是一合相。如來說一合相。則非一合相。是名一合相。

心中明了。莫過悲智二法。由此二法。而得菩提。說一合相者。心有所得故。卽非一合相。心無所得。是名一合相。一合相者。不壞假名。而談實相。

須菩提。一合相者。卽是不可說。但凡夫之人。貪著其事。

由悲智二法。成就佛果菩提。說不可盡。妙不可言。凡夫之人。貪著文字事業。不行悲智二法。若不行悲智二法。而求無上菩提。何由可得。

知見不生分第三十一

四見俱非。是名四見。故受之以知見不生分。

須菩提。若人言。佛說我見人見衆生見壽者見。須菩提。於意云何。是人解我所說義不。世尊。是人不解如來所說義。何以故。世尊說我見人見衆生見壽者見。卽非我見人見衆生見壽者見。是名我見人見衆生見壽者見。

如來說此經者。令一切衆生。自悟般若智慧。自修行菩提果。凡夫人不解佛意。便謂如來說我人等見。不知如來說甚深無相無爲般若波羅密法。如來所說我人等見。不同凡夫我人等見。如來說一切衆生。皆有佛性。是眞我見。說一切衆生有無漏智。性本自具足。是人見。說一切衆生本自無煩惱。是衆生見說一切衆生。性本不生不滅。是壽者見。

須菩提。發阿耨多羅三藐三菩提心者。於一切法。應如是知。如是見。如是信解。不生法相。須菩提所言法相者。如來說卽非法相。是名法相。

發菩提心者。應見一切衆生皆有佛性。應見一切衆生無漏種智。本自具足。應信一切衆生本無煩惱。應信一切衆生。自性本無生滅。雖行一切智慧。方便接物利生。不作能所之心。口說無相法。而心有能所。卽非法相。口說無相法。心行無相行。而能所心滅。是名法相也。

應化非眞分第三十二

一念發心。獲福亦爾。應身化物。豈得已哉。眞佛流通。於事畢矣。故受之以應化非眞分。

須菩提。若有人以滿無量阿僧祇世界七寶。持用布施。若有善男子善女人。發菩提心者。持於此經。乃至四句偈等。受持讀誦。爲人演說。其福勝彼。云何爲人演說。不取於相。如如不動。

七寶福雖多。不如有人發菩提心。受持此經四句。爲人演說。其福勝彼百千萬億。不可譬喻。說法善巧方便。觀根應量。種種隨宜。是名人演說。所聽法人。有種種相貌不等。不得作分別之心。但了空寂如如之心。無所得心。無勝負心。無希望心。無生滅心。是名如如不動也。

何以故。

一切有爲法。如夢幻泡影。如露亦如電。應作如是觀。

夢者是妄身。幻者是妄念。泡者是煩惱。影者是業障。夢幻泡影業。是名有爲法。若無爲法。則眞實離名相。悟者無諸業。

佛說是經已。長老須菩提。及諸比丘。比丘尼。優婆塞。優婆夷。一切世間天人阿修羅。聞佛所說。皆大歡喜。信受奉行。

金剛般若波蜜經 按此下有陳友諒及眷屬發願文今不錄

六祖口訣後序

法性圓寂。本無生滅。因有生念。遂有生緣。故天得命之以生。是故謂之命。天命旣立。眞空入有。前日生念轉而爲意識。意識之用。散而爲六根。六根各有分別。中有所總持者。是故謂之心。心者念慮之所在也。神識之所含也。眞妄之所共處者也。當凡夫聖賢幾會之地也。一切衆生自無始來。不能離生滅者。皆爲此心所累。故諸佛惟教人了此心。此心了卽見自性。見自性則是菩提也。此在性時皆自空寂。而湛然若無。緣有生念。而後有者也。有生則有形。形者地水火風之聚沫者也。以血氣爲躰。有生者之所託也。血氣足則精足。精足則生神。神足則生妙用。然則妙用者。卽是在吾圓寂時之眞我也。因形之遇物。故見之於作爲而已。但凡夫迷而逐物。聖賢明而應物。逐物者自彼。應物者自我。自彼者著於所見。故覓輪廻。自我者當體常空。故萬刼如一。合而觀之。皆心之妙用也。是故當其未生之時。所謂性者。圓滿具足。空然無物。湛乎自然。其廣大與虛空等。往來變化。一切自由。天雖欲命我以生。其可得乎。天猶不能命我以生。況於四大乎。況於五行乎。既有生念。又有生緣。故天得以生命我。四大得以氣形我。五行得以數約我。此有生者之所以有滅也。然則生滅則一。在凡夫聖賢之所以生滅則殊。凡夫之人。生緣念有。識隨業變。習氣薰染。因生愈甚。故既生之後。心著諸妄。妄認四大以爲我身。妄認六親以爲我有。妄認色聲以爲快樂。妄認塵勞以爲富貴。心自知見。無所不妄。諸妄既起。煩惱萬差。妄念奪眞。眞性遂隱。人我爲主。眞識爲客。三業前引。百業後隨。流浪生死。無有涯際。生盡則滅。滅盡復生。生滅相循。至墮諸趣。在於諸趣。轉轉不知。愈恣無明。造諸業罟。遂至塵沙刼盡

○不復人身○聖賢則不然○聖賢生不因念○應迹而生○欲生則生○不待鐵命○故既生之後○圓寂之性○依舊湛然○無體相無罣礙○其照萬法○如青天白日○無毫髮隱滯○故建立一切善法○徧於沙界○不見其少○攝受一切衆生○皈於寂滅○不以爲多○驅之不能來○逐之不能去○雖託四大爲形○五行爲養○皆我所假○未嘗妄認○我迹當滅○委而去之○如來去耳○於我何與哉○是故凡夫有生則有滅○滅者不能不生○聖賢有生亦有滅○滅者歸於眞空○是故凡夫生滅○如身中影○出入相隨○無有盡時○聖賢生滅○如空中雷○自發自止○不累於物○世人不知生滅之如此○而以生滅爲煩惱大患○蓋不自覺也○覺則見生滅如身上塵○當一振奮耳○何能累我性哉○昔我如來以大慈悲心○閔一切衆生○迷錯顚倒○流浪生死之如此○又見一切衆生○本有快樂自在性○皆可修證成佛○欲一切衆生○盡爲聖賢生滅○不爲凡夫生滅○猶慮一切衆生無始以來○流浪日久○其種性已差○未能以一

法速悟。故爲說八萬四千法門。門門可入。皆可到眞如之地。每說一法門。莫非丁寧實語。欲使一切衆生。各隨所見法門。入自心地。到自心地。見自性佛證自身佛。卽同如來。是故如來於諸經說有者。欲使一切衆生覩相生善。說無者。欲使一切衆生離相見性。所說色空。亦復如是。然而衆生執著。見有非眞有。見無非眞無。其見色見空。皆如是執著。復起斷常二見。轉爲生死根蒂。不示以無二法門。又將迷錯顚倒。流浪生死。甚於前日。故如來又爲說大般若法。破斷常二見。使一切衆生。知眞有眞無。眞色眞空。本來無二。亦不遠人。湛然寂靜。只在自己性中。但以自己性智慧。照破諸妄。則曉然自見。是故大般若經六百卷。皆如來爲菩薩果人說佛性。然而其間猶有爲頓漸者說。惟金剛經爲發大乘者說。爲發最上乘者說。是故其經先說四生四相。次云凡所有相。皆是虛妄。若見諸相非相。卽見如來。蓋顯一切法。至無所住。是爲眞諦。故如來於此經。凡說涉有即破之。以非直取實相。以示衆生。蓋恐衆生不解所說。其心反有所住故也。如所謂佛法即非佛法之類是也。是故六祖大師。於五祖傳衣付法之際。聞說此經云。應無所住而生其心。言下大悟。是爲第六祖。如來云一切諸佛。及諸佛阿耨多羅三藐三菩提法。皆從此經出。其信乎哉。適少觀壇經。聞六祖由此經見性。疑必有所演說。未之見也。及知曹州濟陰。於邢君固處得六祖口訣一本。觀其言簡辭直。明白利斷。使人易曉而不惑。喜不自勝。又念京東河北陝西人。資性質樸信厚。遇事決裂。若使學佛性。必能勇猛精進。超越過人。然其爲講師者。多傳百法論。上生經而已。其學者不知萬法隨緣生。緣盡法亦應滅。反以法爲法。固守執著。遂爲法所縛。死不知解。猶如陷沙之人。力與沙爭。愈用力而愈陷。不知勿與沙爭。即能出陷。良可惜也。適遂欲以六祖金剛經口訣。鏤板流傳。以開發此數方學者佛性。然以文多脫誤。因廣求別本刋校。十年間凡得八本。惟杭越建陝四本文多同。因得刊正謬句。董君適力勸成之。且從諸朝士以資募工。大夫聞者。皆樂見助。四明樓君常願終承其事。嗚呼。如來云。無法可說是名說法。夫可見於言語文字者豈佛法之眞諦耶。然非言語文字。則眞諦不可得而傳也。學者因六祖口訣以求金剛經。因金剛經以求見自佛性。見自佛性。然後知佛法不止於口訣而已。如此則六祖之於佛法。其功可思議乎哉。或者以六祖不識字。疑口訣非六祖所作。譬夫大藏經。豈是世尊自作耶。亦聽法者之所傳也。或六祖言之。而弟子傳之。吾不得而知也。苟因口訣可以見經。何疑其不識字也。

元豐七年六月十日天臺羅適謹序

原本　六祖口訣

重輯　史鳳儒

校訂　宋元和

毛惕園

丁敏之

國家圖書館出版品預行編目資料

金剛經六祖口訣 / 六祖惠能大師講述. -- 初版. -- 新北市：華夏出版有限公司, 2023.02
面； 公分. --（圓明書房；003）
ISBN 978-626-7134-63-4（平裝）
1.CST：般若部

221.44 111017386

圓明書房 003
金剛經六祖口訣

講　述　六祖惠能大師
印　刷　百通科技股份有限公司
電話：02-86926066 傳真：02-86926016
出　版　華夏出版有限公司
220 新北市板橋區縣民大道 3 段 93 巷 30 弄 25 號 1 樓
電話：02-32343788 傳真：02-22234544
E-mail：pftwsdom@ms7.hinet.net
總 經 銷　貿騰發賣股份有限公司
新北市 235 中和區立德街 136 號 6 樓
電話：02-82275988 傳真：02-82275989
網址：www.namode.com
版　次　2023 年 2 月初版一刷
特　價　新臺幣 200 元（缺頁或破損的書，請寄回更換）

ISBN-13：978-626-7134-63-4

《金剛經六祖口訣》由佛教出版社同意華夏出版有限公司
出版繁體字版